DIALOGUE

SUR

LA RÉFORME ÉLECTORALE,

ENTRE

UN COMMUNISTE, UN RÉFORMISTE, UN DOCTRINAIRE,
UN LÉGITIMISTE,

PAR T. DEZAMY.

Une feuille in-8. Prix : 10 centimes.

Cette feuille est extraite
du *Code de la communauté*,
1 vol. in-8. Prix : 4 francs.

PARIS,

PRÉVOT, LIBRAIRE, RUE BOURBON-VILLENEUVE, 61.
ET CHEZ ROUENNET, RUE VERDELET, 6.

1842

Philosophie sociale unitaire.

Traité théorique et pratique de la Physique de l'esprit humain, en Morale, en Sciences et en Arts,

ou la Phrénologie perfectionnée, en place de la Phrénologie incomplète et erronée de Gall, Spurzheim, et surtout des divers systèmes des psycologues modernes et contemporains;

PAR N.-A. BARTHEL,
de la Société Phrénologique de Paris.

« Traité général d'Antropologie, rectifiant et complétant tous les ouvrages antérieurement publiés sur ce vaste sujet, et répondant à l'un des besoins les plus impérieux de l'époque, au besoin intellectuel d'une philosophie sociale unitaire, applicable à la vie pratique, privée ou publique de chacun. Ce livre, on peut le dire, manque au monde studieux; il manque aux amis comme aux ennemis de la nouvelle science de l'homme : à ceux-là pour pouvoir désormais répondre victorieusement à toute espèce d'objections et de questions philosophiques et politiques; à ceux-ci pour pouvoir connaître la justesse mathématique d'une doctrine qui se trouve en tout point conforme aux lois de la nature, et qui repose sur des faits matériels palpables, dont l'espèce humaine entière aussi bien que chaque individu sont et demeurent à jamais les preuves vivantes. »   (*Extrait du prospectus.*)

AVIS.

Le *Traité de la physique de l'esprit humain* sera de 800 à 900 pages, qui pourront former un ou deux volumes grand in-8°, format de bibliothèque. — Il sera imprimé en caractères neufs, sur très-beau papier, et illustré d'un grand nombre de portraits et dessins, pour l'application et l'intelligence générale de la science. — Il paraîtra régulièrement, le 1er et le 15 de chaque mois, une livraison de 16 ou 32 pages, à 25 centimes la livraison.

ERRATUM. — Page I, ligne 17, au lieu de : *infirme,* lisez *infinie*

DIALOGUE.

Le communiste. — On répète sans cesse que la démocratie est une statue aux pieds d'argile, frappée d'impuissance et de nullité radicales, parce que, dit-on, elle procède par *empirisme*, parce qu'elle est dénuée de toute loi fondamentale *positive* et supérieure aux FAITS politiques.

Nos adversaires nous prêtent charitablement leurs propres défauts, défauts dont nous les avons cent fois convaincus (1).

Non les *vrais démocrates* ne sont pas d'impuissants empiriques : ils ont, eux, une loi vraiment organique et fondamentale, loi antérieure et supérieure à tout ordre politique, car elle procède de la nature elle-même. Or, ils le proclament bien haut, cette loi, c'est l'égalité réelle, c'est la *communauté sociale et politique.* Non, non, elle n'est ni mobile, ni capricieuse, cette loi sainte : elle ne connaît ni d'époques, ni d'espace, ni de races, ni de priviléges : elle est universelle comme la pensée, infirme comme la mer, invincible comme l'avenir. On la trouve incarnée dans toute la nature, dans les globes les plus immenses, comme dans le plus petit insecte. Mais c'est surtout au dedans de nous-mêmes que nous ressentons toute la vérité et toute la puissance des principes communautaires, lorsque l'éducation, les préjugés, les lois et les mœurs ne sont pas encore parvenus à dépraver nos sentiments et notre raison.

Chaque homme est, pour ainsi dire, une société en miniature. Parmi les membres du corps humain, *nul ne se refuse à accomplir sa fonction, à concourir à l'œuvre commune.* On n'y voit point, comme dans nos sociétés inégalitaires, l'affreux spectacle d'un dépérissement funeste à côté de la richesse. Là, point de *prolétaire* condamné à suer sang et eau pour fournir des jouissances exclusives et outrées à l'insatiable avidité d'une *frelonnière,* tandis qu'il resterait, lui, dans la torpeur et le froid de la mort. Le *Paupérisme,* ce vice hideux de notre *corps social* qui condamne les *neuf*

---

(1) Voir le *Code de la Communauté,* page 230, d'où est extraite cette brochure.

dixièmes des citoyens à vivre sans cesse d'une vie morbide et paralytique, le *paupérisme n'existe point* dans le *petit monde* que présente chacun de nous : entre tous les membres la solidarité, la fraternité la plus parfaite. Combien ne doit-on pas admirer dans l'*organisme humain* cette *prévoyance communautaire* qui distribue si régulièrement et si également à tous les organes la richesse nutritive, qui perce de ses mille canaux sanguins les plus microscopiques intervalles, et sait si bien reporter à tous les organes la liqueur bienfaisante qui résulte du travail commun, ne consultant dans cette sage répartition qu'une unique loi : *le besoin de chacun ?* Combien ne doit-on pas admirer l'économie particulière des parties les plus éloignées du point où la chaleur et l'activité vitales semblent se composer ? Ne reconnaît-on pas bien vite que *tout a été prévu*, et que les parties les moins centrales n'ont rien à craindre de ce monopole meurtrier qui, dans notre corps social actuel, cause au prolétaire tant d'angoises et tant de tortures !

Si, maintenant, nous considérons la vie dans ces régions supérieures où s'élabore la pensée, ne voyons-nous pas aussi que le fonctionnement normal de chacun de nos organes exige le concours harmonieux de tous ? que nul ne songe à dominer ni à déprimer les autres, mais, au contraire, à les aider, à les fortifier ? C'est donc encore là la *loi communautaire*. Et plus cette loi est puissante et parfaite, plus l'homme s'élève dans les sphères de l'intelligence.

Le Doctrinaire. — La sagesse et le bon ordre fuient les grandes assemblées. Dans la démocratie ce sont les fous qui commandent aux sages. Le *palladium de la liberté*, le principe conservateur de toute société, c'est l'ordre. Or, les garanties de l'ordre, ce sont les lumières et la propriété. L'unique souveraineté légitime, c'est la souveraineté de la raison.

Le Communiste. — Je suis grand partisan de la souveraineté de la raison, mais de cette *raison scientifiquement démontrée et démonstrative* qui, comme le dit M. de Potter, *rejette au nombre des folies toutes les passions insociales.* Quant à cette raison abstraite et conventionnelle qui change suivant les temps et les lieux : *vertu aujourd'hui, vice demain; vérité en deçà des Pyrénées, erreur au delà ;* quant à cette prétendue raison qui ne se pèse qu'au poids des écus, qui ne *conste et appert* que par le registre des contributions directes; quant à cette raison aussi myope qu'égoïste qui absorbe tellement ses adorateurs dans l'amour de la domination et du *soi seul,* qu'à leurs moindres caprices ils sacrifieraient, s'ils l'osaient, l'espèce entière ! qu'est-ce autre chose qu'une insolence de plus? qu'une *fin de non-recevoir,* que depuis bien longtemps l'exploiteur oppose aux réclamations de l'exploité pour perpétuer sa servitude? Oh ! sans doute, cette *atroce moquerie* peut paraître sublime à certains génies doctrinaires, mais en bonne vérité que peut-elle avoir de commun avec nos principes et l'intelligence humaine ?

Le Doctrinaire. — Les communistes ne sont que des factieux et des anarchistes, qui ne pourraient arriver que par la dévastation et la détresse générales à la réalisation de leurs imbéciles et dégradantes théories. *L'égalité dans la misère, dans la sottise et dans le crime :* tel est le beau idéal de la société qu'ils rêvent et qu'ils veulent fonder sur la ruine de toute religion et de toute moralité. Il y a de vils ambitieux qui alimentent ce foyer de dépravation. Les réformateurs éclairés et les scélérats prétendent également travailler au bonheur du genre humain. Les prolétaires éloquents sont aussi dangereux pour l'ordre social que le *Spartacus* des temps antiques. Ils font de leurs plumes un poignard et de leur parole une torche incendiaire ! Que serait-ce donc, que n'auraient point à craindre ceux qui possèdent, s'ils étaient assez insensés pour leur fournir, d'une manière quelconque, le moyen de faire dans le sanctuaire des lois une invasion sacrilége? (Journal des *Débats de septembre* 1841.)

Le Légitimiste. — C'est le caractère imprimé par la loi aux possessions qu'elle a produites qui s'appelle légitimité. La *légitimité exige* de l'homme *les plus grands sacrifices,* car si l'on peut sans trop de peine se soumettre à la loi qu'on a contribué à faire, il est bien plus difficile de se soumettre à une loi qu'on a trouvée toute faite. Mais cette loi est nécessaire, et il est fort dangereux de la contester. *Le droit en vertu duquel le fils du roi hérite de la royauté est le même que le droit en vertu duquel le fils du bûcheron hérite de la chaumière de son père.* Quand la légitimité est violée en haut, elle est en péril en bas. Le principe détruit sur un point l'est sur tous les autres, car les *principes sont universels.*

C'est par la *lésion immense* que vous (les gouvernements actuels) avez faite à l'ordre social qu'ils (les communistes) ont fait irruption dans la politique : vous avez sacrifié les lois fondamentales à l'ambition du pouvoir et des richesses. De vos poursuites et vos sévérités contre le communisme qu'est-ce qui ressort logiquement ? une seule chose : la PROPRIETE DU DROIT MONARCHIQUE, LA LÉGITIMITÉ DU DROIT DIVIN !!! (*Gazette de France du* 19 *nov.* 1841.)

Le Communiste. — J'ai réfuté (page 230) les arguments légitimistes; vis-à-vis des principes communistes et de la saine raison, ils ne peuvent soutenir l'examen, ils méritent la réprobation la plus entière. Mais si on veut raisonner au point de vue *propriétaire*, j'avoue que je ne vois pas ce qu'en bonne logique, on y pourrait répliquer. C'est, en effet, mettre fort habilement sur la sellette, c'est fouetter avec leurs propres verges toutes les sectes *anti-communistes*, c'est juguler complètement les seules de leurs accusations contre nous qui à l'absurdité ne joignent pas la calomnie : et les réquisitoires des doctrinaires, et les déclamations du juste-milieu, et les sophismes des réformistes inégalitaires.

La question aujourd'hui est nettement posée. L'*Égalité* ou l'*Inégalité;* la *Royauté du droit divin* d'un côté, le *communisme* de l'autre : entre ces deux systèmes point de milieu !

Oui, voilà où nous conduit invinciblement la force des choses; on aurait beau à se bercer de mille illusions, en vain on se ballotterait au milieu des fatigues des tempêtes, toutes les bascules finiront par s'user; quoi qu'on fasse, il est absolument impossible qu'on puisse éviter d'aboutir à un de ces deux termes. C'est donc aux hommes d'intelligence et de bonne foi de choisir, de choisir le plus tôt possible.

Que les ennemis du *communisme* combattent entre eux pour la domination, qu'ils se disputent avec acharnement les *dépouilles opimes* du prolétariat, qu'enfin, semblable aux dragons de Cadmus, toute l'armée inégalitaire se dévore elle-même, cela se conçoit : la soif des honneurs et des richesses est un brasier ardent, plus on l'alimente, plus elle devient insatiable, elle remplit de vertige et de démence ses adorateurs.

Mais que des prolétaires, que des amis de l'égalité prissent part à ces luttes, qu'ils épuissâssent leur énergie pour quelqu'une des cohortes rivales, n'importe laquelle, fût-ce celle de nos radicaux exclusivement politiques, cela serait à mes yeux une preuve évidente qu'ils comprendraient mal leurs véritables intérêts.

Heureusement, on est souvent à même de s'en convaincre, l'intrigue et l'hypocrisie perdent chaque jour du terrain, et ils paraissent pour jamais passés, ces temps d'aveuglement et de gâchis politiques où le poète s'écriait :

> Dans les deux camps, je vois la fourbe impie ;
> Lui-même épris d'un courage insensé,
> Le fils du peuple égorger sa patrie....
> Jusqu'au proscrit contre lui divisé !
> Tous des Tarquins servant la politique,
> Se mutiler dans des combats sanglants,
> *Briguer des fers au nom de république,*
> *Combattre enfin pour le choix des tyrans !*

A vous maintenant, messieurs du parti soi-disant modéré et conservateur ! Pourquoi tant d'absurdes calomnies et de déclamations furibondes ? Y a-t-il donc tant lieu de s'étonner que les prolétaires songent à réagir quelquefois contre un ordre social qui les livre au vautour de la faim et du désespoir ? Si de lugubres appréhensions viennent si souvent troubler votre repos et votre sommeil, à qui la faute ? Vous craignez, dites-vous, de voir votre civilisation engloutie par les flots populaires,... Eh bien ! faites au torrent un lit si vaste et si beau qui n'éprouve plus jamais le besoin d'en sortir.

O vous, qui parlez de faire rouler majestueusement au-dessus des tempêtes politiques le char du progrès et de la raison ! hâtez-vous, hâtez-vous de proclamer avec nous ce nouveau symbole social, qui doit à jamais fermer le gouffre des révolutions ! laissez, laissez librement s'asseoir à côté de vous le pauvre affamé : au banquet de l'égalité, il y a place pour tout le monde !!!

Le doctrinaire. — De tous temps la démocratie a produit l'anarchie ou le despotisme, et a été féconde en excès. D'ailleurs, Montesquieu l'a dit: *La France est trop grande pour devenir une république.*

Le communiste. — Cette opinion est, dans son principe, c'est-à-dire éternellement, aussi étroite que fausse. Dans les démocraties, les ressorts politiques peuvent être plus unitairement montés et centralisés que dans les monarchies, l'histoire de la convention en fait foi ; et cependant, cette assemblée populaire ne fut encore qu'une expression incomplète de la démocratie véritable, resserrée qu'elle était dans le cercle étroit de l'égalité politique, ayant à lutter contre un fédéralisme social de quatorze siècles, contre le *régime propriétaire.* Mais à notre époque, plus que jamais, que devient la téméraire sentence de Montesquieu, en présence des progrès accomplis ?

Est-ce que, par hasard, l'invention des machines, la découverte des chemins de fer et de la vapeur n'ont rien modifié ? Qui oserait soutenir cette thèse, aujourd'hui que, grâce à ces découvertes, nos cités les plus éloignées ne seront plus bientôt qu'à quelques heures de distance les unes des autres ; quand pour parcourir toute la France, il faut beaucoup moins de temps, peut-être, qu'il n'en fallait au 18e siècle, pour parcourir l'*Helvétie* ou la *République de Venise?* La seule différence capitale que nous pouvons remarquer, à l'heure qu'il est, entre la vie politique d'une grande et d'une petite nation, c'est que la première a infiniment plus de force, plus de ressources que l'autre pour faire respecter sa liberté intérieure et son indépendance extérieure.

Mais que signifient ces assommantes hyperboles que vous ne cessez de nous rabâcher sur ce que vous appelez la turbulence et le terrorisme des républiques anciennes? Est-ce que cet épouvantail n'est pas assez complètement passé de mode? Certes, je n'ai nulle dessein de proclamer ces républiques comme un type de perfection; cependant telles qu'elles étaient constituées, leurs institutions valaient incomparablement mieux, pour la plupart, que les autres modes de gouvernement. Ce n'est que pour cela que l'histoire a dû célébrer cette devise: « *J'aime mieux une liberté orageuse* « *qu'une tranquille servitude!*» Au surplus, nous allons voir bientôt, j'ai déjà vingt fois démontré, que dans la *communauté* on n'aura point à redouter ce dernier inconvénient.

La démocratie antique put tâtonner et s'égarer; c'était un essai de l'esprit humain se débordant sur lui-même dans l'ardeur de son activité. La philosophie produisit les sophistes, l'éloquence accoucha des rhéteurs, la démocratie eut des démagogues ambitieux. Fondée sur la *médiocreté du bien-être, entachée de la soif des conquêtes*, qui pourrait s'étonner de ses écarts? La démocratie future fondée sur le *travail*, l'*abondance générale*, la *diffusion des lumières* et l'*éducation commune*, ne sera point une minorité inquiète, pesant par l'esclavage et la force sur qui que ce soit: elle porte en ses flancs trois vierges encore inconnues au monde: la *liberté*, l'*égalité* et la *fraternité universelles !*

Le réformiste. — A travers tous vos discours, ce que j'aperçois clairement c'est que le *communisme* ôse conclure à nier la souveraineté absolue du peuple. N'est-il pas à craindre que la conséquence de votre principe ne vous entraîne à constituer au sommet de la communauté une puissance dictatoriale, et, par conséquent, despotique?

Le communiste. — Dans la communauté de pleine harmonie il ne peut être question d'aucune sorte de dictature, à moins qu'on ne veuille entendre par ce mot l'empire de la nature, de la science, de la raison. Or, ne serait-ce pas le comble de l'idiotisme, de la démence, que de taxer de despotisme ou de tyrannie ce qui n'a qu'un but, qu'une fin unique : *conduire les hommes au bonheur par la liberté la plus illimitée et l'ordre le plus parfait?*

Quant à la souveraineté du peuple, je le répète, il ne peut y avoir rien d'absolu en dehors des lois de la nature. Or, combien ne renferme pas de virtualité et de force la situation communautaire, pour idendifier avec la nature l'intelligence, les sentiments et les intérêts de tous et de chacun. Après tout ce qui précède, il n'est pas difficile de concevoir que la conséquence immédiate de nos lois sociales sera de faire décroître rapidement et continuement les minorités, jusqu'à ce qu'enfin, l'organisation unitaire soit parfaitement constituée selon les lois du progrès. C'est alors que sans nul inconvénient, sans combat, aux acclamations universelles, on verra, non *pas s'imposer*, mais *se poser*, s'installer pour toujours la DEMOCRATIE PURE, non pas seulement comme une loi conventionnelle, mais, qui plus est, comme un *fait nécessaire*, comme une *loi normale*, comme une *conséquence naturelle et irrésistible!*

La plus profonde pensée du *contrat social* c'est peut-être celle-ci : « *autre chose est la délibération publique, autre chose est la volonté générale.* » En effet, pour qu'une loi soit vraiment populaire, il ne suffit pas que le plus grand nombre des citoyens l'ait votée ou l'ait consentie, il faut qu'elle soit scientifiquement démontrée conforme à l'intérêt de tout le monde. Alors, c'est bien plus que le suffrage ou l'assentiment qui est donné à une pareille loi, c'est l'ADHESION. Par le vote, on préjuge la vérité ; par l'adhésion, on la reconnaît.

C'était donc une grave et immense hérésie démocratique que ces paroles prononcées devant la cour d'assises d'Angers, par *M. Ledru-Rollin.* « *Si après la réforme* » *électorale, le peuple est toujours malheureux, il n'aura* « *plus le droi de se plaindre.* » Mais le plus précieux et le plus imprescriptible de tous les droits, n'est-ce pas le droit au bonheur? Il semble que Rousseau avait en prévision de semblables sophismes, lorsqu'après avoir écrit la formule que j'ai rapportée plus haut, il ajoutait : « *La tyrannie d'ap-* » *parence populaire est la pire des tyrannies. Sans l'égalité*

» *sociale, plus le suffrage s'étend, plus la chaîne est lourde*
» *pour l'exploité : au lieu d'un maître on en a mille.* »
Bonaparte même était infiniment plus démocrate que M.
Ledru-Rollin, lorsqu'il écrivait à l'Académie de Lyon ces
remarquables paroles : «Vous ne consacrerez pas la loi ci-
» vile ou quelques uns seulement pourraient tout posséder;
» car de là *possession territoriale* aux mains du petit nom-
» bre des citoyens découle *nécessairement l'esclavage po-*
» *litique* de tous les autres. Il n'est point de citoyens où les
« choses sont ainsi faites, je n'y vois que *l'esclave opprimé*
» et *l'esclave oppresseur*, plus vil que l'esclave opprimé....
» Tous deux sont attachés au boulet ; l'un a la chaîne au
» cou, l'autre la tient à la main ! »

Mais, s'écrie-t-on, la réforme politique est un moyen de
réformer à son tour la constitution sociale. — Je réponds :
cela n'est pas impossible lorsqu'un peuple est en révolution
et qu'une forte impulsion lui est donnée ; mais encore dans
ce cas, la victoire est fort chanceuse pour le prolétariat.
Puis d'ailleurs, nos réformistes actuels ne viennent-ils pas
considérablement modifier cette mince concession, lorsqu'ils déclarent *inviolable et sacré le privilége propriétaire?*
Quoi ! vous reconnaissez au peuple des droits politiques, et
vous lui déniez le pain quotidien et l'éducation, vous le tenez
rivé à la chaîne par la misère et l'ignorance ! *N'est-ce pas*
en quelque sorte dire à un perclus de marcher? Ecoutez ce
qu'il y a près d'un siècle, disait à ce sujet Helvétius :

« Il faut faire disparaître le privilége qui assure à
» quelques uns les jouissances et écrase les autres sous
» toutes les charges. Ce privilége est celui des lumières
» auxquelles tous ont droit, et qui, par conséquent, doi-
» vent être à la dispositon de tous gratuitement comme la
» nourriture et comme l'air qu'on respire.

« Or, les lumières sont exclusivement à la *richesse*, et le
pouvoir exclusivement aux lumières; et le pouvoir concentre
les richesses et les lumières dans quelques mains, qui ne
laisseront échapper le pouvoir que devant l'organisation
sociale du peuple.

» Tant que ce privilége absurde plus encore qu'odieux

ne sera pas battu en brèche directement et énergiquement, le grand nombre ne fera pas un pas , — *à moins que, d'un saut , il ne franchisse l'espace qui le sépare du bien-être !*»

Faut-il maintenant citer des exemples? Je n'ai que l'embarras de choisir. Que de scènes scandaleuses se passent à l'époque des élections, en France et surtout en Angleterre! Là, le voyez-vous au Forum, ce *peuple-roi*, déguenillé et mourant de faim ; les voyez-vous, ces citoyens d'un jour, tendre humblement la main à l'orgueilleux milord, qui du haut de son opulente calèche leur jette insolemment quelques schellings? La voyez-vous cette magnanime Albion, Albion tout entière, partagée en deux camps, *les corrupteurs et les corrompus :* partout des riches pour mettre à prix les consciences et la liberté de leur pays, partout des pauvres pour conclure cet infâme marché (1). Mais qui pourrait peindre ces turbulentes bacchanales, ces parades ignobles, ces rixes brutales, ces dégoûtantes orgies, toutes ces bassesses et toutes ces turpitudes, dont le futur député donne lui-même l'exemple du haut des Hustings! Quel respect peut-on exiger pour les décrets législatifs, quand on n'a pas rougi de faire de *l'urne électorale un vase de prostitution*? Où trouver, de bonne foi , où trouver une preuve plus convaincante de tout ce qu'il y a d'*anomalies* et de *déceptions* dans cet accouplement bizarre du *droit politique* et de l'*Ilotisme social ?* J'insiste mille fois sur l'idée que contient cette dernière phrase : elle est capitale.

En France même, supposons le suffrage universel décrété; qu'arrive-t-il? Aussitôt, affublés d'une casaque de *Jacobin*, déguisés en *Brutus*, une nuée d'intrigants s'abattent dans le forum. Là, ils prennent mille fois la main du prolétaire, en lui prodiguant les promesses les plus sédui-

---

(1) Quelques personnes objectent que l'aristocratie finirait par se ruiner si le suffrage était universel. Est-ce que l'aristocratie, lorsqu'elle est maîtresse du pouvoir, n'a pas mille moyens de reprendre d'une main ce qu'elle donne de l'autre? Aux dernières élections de l'Angleterre, on dit que la corruption a coûté aux Torys des sommes colossales. (Une seule élection a couté 270 mille francs). Bien simple qui s'imaginerait qu'il y paraisse beaucoup aujourd'hui !

santes.—Beaucoup de ces faux frères seraient-ils nommés ? Il y a lieu de le craindre, parceque : 1° ils sont presque *seuls en évidence*, seuls assez riches pour faire les frais de la députation ; 2° le peuple n'a pas assez d'instruction ni de temps pour aller chercher *dans la foule* ses véritables amis ; 3° il est encore sous la dépendance immédiate de la richesse, *dans la servitude de la faim !*

Arrivés à Paris, le premier soin de *nos tartuffes politiques* serait de se concerter pour assurer leur domination. Quelques-uns peut-être, *sous le prétexte du salut public*, proposeraient de gouverner arbitrairement, *sans poser aucun principe d'organisation*. Peut-être même s'en trouve-t-il déjà d'assez audacieux et assez insensés pour rêver des *lois de censure et de sang* contre les défenseurs du progrès social ! Combien de leçons en ce genre le peuple n'a-t-il pas reçues depuis dix ans ! Que sont aujourd'hui les Barthe, les Mérilhou, les Bavoux, les Thiers, les Barrot, les Mauguin, les Lherminier ? Qu'est devenu M. Lamennais, avec son *glaive de Spartacus* et ses véhémentes malédictions contre les *possessions solitaires ?* Qu'a fait M. Ledru-Rollin, *ce sans culotte d'un jour*, de sa *couronne électorale*, de son *casque en tête* et de son *épée au poing*, avec lesquels il devait entrer en triomphateur au Palais-Bourbon ? Oui, nous l'avons vu entrer au parlement, mais hélas!..... (Quantùm mutatus ab illo !) *la visière baissée* et presque un genou en terre, pour abjurer, *entre les mains du Roi*, sa jactance tribunitienne ! ! !

Prolétaires, pour se régénérer, les peuples n'ont quelquefois qu'une heure par siècle ! Lorsque cette heure viendra à sonner, gardez-vous de la perdre en disputes et en déchirements ! Dès aujourd'hui songez que ce n'est que par l'étude des questions sociales que vous pouvez vous trouver en mesure d'en profiter !...

Qu'on n'aille pas inférer de ce qui précède que, le cas échéant du suffrage universel, nous désespérions de faire adopter nos principes : nous avons pleine confiance dans leur virtualité. Mais lorsque d'un côté nous apercevons quelques *rescifs*, de l'autre la *rive de la certitude et du repos*, pourquoi hésiterions-nous à faire voile du bon côté (1)?

Le Réformiste. — Je conviens que vos appréhensions ont quelque fondement ; mais il est plus facile de critiquer que d'organiser. Vous avez parlé tout à l'heure de *démocratie pure ;* n'est-ce pas une folie étrange que d'imaginer tout un peuple incessamment assemblé? Il n'y aurait pas de raison après cela pour que quelque orateur insensé ne proposât d'accorder aux femmes et même aux enfants le droit de suffrage.

Le Communiste. — Peut-être ne raisonneriez vous pas ainsi si vous connaissiez toutes les ressources de notre système. La législature du communisme n'aura presque rien de commun avec nos parlements actuels. On n'y verra point, comme de nos jours, un militaire ou un bourgeois ignorant raisonner sur les hautes-sciences; ni l'avocat disserter sur les houillères, dont il ne connaît guère que le nom ; ni le marchand s'enfoncer dans les défilés obscurs de nos 40,000 lois et décrets. Dans l'ordre futur, l'orateur sera parfaitement compétent à tous égards sur le sujet qu'il traitera, le législateur agira toujours en parfaite con-

---

(1) *Le National* prétend que le communisme entrave la réforme et *la révolution*. J'ai des raisons concluantes de croire que *le National*, etc., ne s'occupent guère de la réforme électorale. Les mots de souveraineté politique et de suffrage universel qu'il grimace encore une fois dans ses colonnes, ne sont autre chose qu'une *précaution oratoire* prise pour servir d'introduction à ses déclamations contre le *système communautaire*, de l'étude duquel il espère pouvoir distraire *quelques révolutionnaires* à vue courte. Si *le National* ne cache pas sous jeu d'*arrières pensées liberticides*, pourquoi, au lieu de *faire la guerre aux idées, jusqu'à devenir l'auxiliaire officieux du parquet et renchérir sur les lois de septembre*, pourquoi *le National* ne présente-t-il pas lui-même un *plan d'organisation sociale*? car *le National* ne peut ignorer, que loin d'avoir pour effet d'endormir et énerver, rien au contraire n'est plus capable de briser les chaînes du *scepticisme et de l'indifférence politiques*, que de démontrer sans cesse, à tous et à chacun, qu'il est au problème humanitaire une solution infaillible, qu'il est un port assuré contre de nouveaux naufrages politiques.

naissance de cause. Tous les arts, toutes les sciences, toutes les industries, seront sans cesse représentées. Nul ne sera exclu du temple des lois, ni le vieillard, ni l'homme mûr, ni la *femme* ni l'*adolescent :* chacun sera, au contraire, toujours très-bien venu à apporter au foyer commun son rayon de lumière. Les assemblées politiques, alors, seront à la fois des *parlements*, des *instituts,* des *académies*, des *écoles* etc., etc., etc. Et n'ayez peur que de ce nouveau mécanisme il ne résulte le moindre désordre, la moindre confusion ; toute la fonction du corps politique se bornera à constater et à promulguer tous les progrès, toutes les découvertes, de même que celle de la direction sociale consistera soit à régler et opérer sans cesse, équitablement entre tous, une abondante répartition de tous les produits sociaux, soit à adresser à toutes les bonnes volontés une invitation fraternelle de prendre part aux travaux communs.

Quant aux lieu et mode des assemblées, je crois que je puis me dispenser maintenant de me préoccuper de cet objet. Qu'il s'agisse du congrés national ou du congrès humanitaire, je ne vois pas plus de difficulté que s'il ne s'agissait que de l'assemblée communale. On ne sera pas obligé de choisir et de députer des citoyens avec mission *ad hoc*, comme cela se fait actuellement ; il suffira de désigner, chaque année, une commune assez centrale, ou siégera le Congrès national, et une autre ou siégera le congrès humanitaire. Quels que soient les citoyens qui se trouveront habiter ces communes, ils seront toujours parfaitement aptes à remplir les fonctions législatives ; car, encore une fois, ne l'oublions pas, l'organisation sociale sera tellement simplifiée , que la machine politique ira comme d'elle-même ; l'éducation sera si puissante, les lumières si générales, les vérités importantes si claires et si démonstratives, que ces vérités ne pourraient plus trouver de contradicteurs qu'à l'hospice des aliénés, si aliénés il pouvait y avoir dans l'*ordre normal*. Une souveraineté de la sorte vaudrait bien sans nul doute les souverainetés de l'*ordre propriétaire*, qui, nese forment le plus souvent que par des tours de gibecière électorale et parlementaire.